LA
DÉCLARATION
DE GUERRE

PAR

LE Cte AGÉNOR DE GASPARIN

Ancien Député

DEUXIÈME ÉDITION

PARIS

A LA LIBRAIRIE NOUVELLE

15, BOULEVARD DES ITALIENS.

LA
DÉCLARATION
DE GUERRE

LA
DÉCLARATION DE GUERRE

A Monsieur le Rédacteur

DU JOURNAL DES DÉBATS.

Gais, 18 juillet 1870.

MONSIEUR LE RÉDACTEUR,

Chacun doit avoir le courage de son opinion. Dans un moment comme celui-ci, le devoir de parler, de parler haut et net, s'impose même à ceux qui, comme moi, sont devenus depuis longtemps étrangers aux affaires publiques. Si, du fond de ma retraite, j'élève une voix qui aura du moins le mérite d'être sincère et impartiale, c'est qu'il me semble qu'en me taisant je commettrais une véritable lâcheté. J'aime trop mon pays, et j'aime trop aussi la justice, pour ne pas protester contre l'unanimité prétendue des passions belliqueuses qui sont en train de nous entraîner.

Eh bien, non, ces passions ne sont pas du tout unanimes. Il y a en France, et je le sais, un nombre très-considérable de citoyens qui ne croient ni à la nécessité ni à la légitimité de la guerre contre la Prusse. Ces citoyens n'iront pas crier dans les rues et n'inséreront pas d'articles dans les journaux ; mais ils aiment la paix, ils y tiennent, ils ont voté pour elle, et ils s'étonnent un peu que leurs représentants l'aient déjà oublié. Ces citoyens ne verront pas commencer une guerre qui n'est pas justifiée à leurs yeux, ils ne verront pas verser le sang à flots, ils n'assisteront pas à un conflit qui blesse leur conscience et qui menace peut-être l'avenir de toute une génération, ils ne subiront pas les angoisses réservées aux pères de famille et par-dessus le marché l'accroissement indéfini de nos conscriptions, de nos dettes et de nos impôts, sans se rendre de mieux en mieux compte d'un sentiment qui est encore à l'état d'instinct et qui passera

« bientôt à l'état de conviction énergique, de résistance obstinée. Je crois qu'on fera bien de tenir compte de ces gens-là, peu bruyants en général, lents à se décider, et qui pourtant auront le dernier mot.

Or, voici ce que leur dit leur bon sens, et mieux encore leur conscience :

En premier lieu (et toute la question est ici), ils n'ont jamais compris que la France eût à chercher *une revanche de Sadowa*. Ils ont ignoré jusqu'à présent qu'à Sadowa la France eût été vaincue avec l'Autriche, ou que les Prussiens eussent manqué à leur devoir envers nous en ne se laissant pas battre. Ils ont une trop haute idée de l'honneur français pour le croire compromis, parce que quelqu'un d'autre s'est permis de gagner une grande bataille en Europe, et ils ont une trop haute idée de la puissance de la France pour croire qu'elle soit mise en péril parce que l'Allemagne s'organise. Les vieilles théories d'équilibre reposant sur la division et la faiblesse de nos voisins leur semblent avoir fait leur temps et ils regarderaient comme un crime de verser pour de telles théories une seule goutte de sang.

Lorsque la déclaration du duc de Gramont a éclaté comme un coup de tonnerre dans un ciel serein, ces citoyens ont d'abord pensé que nous avions reçu quelque injure mortelle, que le pays était en péril, que l'on s'était vainement adressé à la Prusse par ces voies diplomatiques qu'un gouvernement épuise d'ordinaire avant de prononcer des paroles de défi et de donner le signal aux susceptibilités nationales et militaires, si faciles à surexciter chez nous. Puis ils ont reconnu, à leur très-grande surprise, d'un côté que les représentations secrètes et amiables n'avaient pas précédé l'explosion et qu'on avait commencé par la fin, de l'autre que la candidature du prince de Hohenzollern, plus Murat d'ailleurs que Prussien, ne pouvait être une surprise pour nous. M. John Lemoinne en parlait il y a plusieurs mois dans votre journal, et les feuilles allemandes n'ont cessé d'en entretenir leurs lecteurs.

Il y a mieux encore, cette candidature a été retirée, et alors les citoyens dont je parle se sont dit qu'à moins de vouloir la guerre et de chercher un prétexte, l'affaire était terminée. Le retrait de la candidature, annoncé par le père du prince, était officiellement communiqué à notre gouvernement par l'ambassadeur d'Espagne.

Quelle n'a donc pas été la surprise (et ce mot est insuffisant ici) des amis sincères de la paix lorsqu'ils ont appris que rien n'était fini ! Des journaux violents, qui ne ménageaient pas les termes et qui disaient crûment les choses, nous apprenaient qu'il fallait imposer à la Prusse, non une renonciation, mais une humiliation ; c'est-à-dire qu'il fallait absolument la guerre ; *la guerre à tout prix* remplaçait ce qu'on avait nommé autrefois *la paix à tout prix*.

Que pouvait faire le roi de Prusse ? Il venait de déclarer à notre ambassadeur qu'il avait déconseillé la candidature, et il en approuvait le retrait. En voyant qu'on lui demandait autre chose, il était naturel qu'il se rappelât cette communication au Corps législatif ayant le caractère d'un *ulti-matum* par laquelle notre ministre des affaires étrangères avait débuté, avant tout pourparler.

Les citoyens français qui n'ont pas de revanche à prendre de Sadowa, peuvent regretter que le roi n'ait pas jugé convenable de redire une fois de plus à M. Benedetti qu'il avait déconseillé une candidature désormais retirée en fait, ce dont l'Espagne avait pris acte. Mais, quant à trouver dans le refus de dire cela une fois de plus un motif, ou même un prétexte de guerre, quant à penser que cela nous autorisait à inonder l'Europe de sang, ils en sont fort éloignés, je vous assure.

La communication de M. Ollivier les a consternés et navrés. Entre ces petits incidents d'étiquette et cette conclusion effroyable, la guerre déclarée, la disproportion leur semble si forte, que leur conscience s'indigne autant que leur raison proteste. Ils s'épouvantent de la responsabilité, bien lourde, hélas ! qu'on veut faire peser sur leur pays.

M. de Bismark a adressé une note aux puissances étrangères sur ce qui s'est passé ! Est-ce bien étrange, après la déclaration de **M.** de Gramont?

L'Allemagne fait des préparatifs militaires ! N'en faisons-nous point, et lesquels sont les plus avancés ?

Je le répète, ce qui alarme le plus chez nous les amis de la paix, c'est de voir à quel point les prétextes tant soit peu sérieux font défaut.

Notez que ces amis de la paix sont en même temps amis de la liberté. Or, ils ne peuvent pas ne pas se rappeler qu'en France la grande guerre et la liberté marchent rarement ensemble.

La grande guerre, ce mot est ici à peine suffisant. A quel écolier fera-t-on croire qu'il s'agit d'une courte campagne? Ce ne sont pas deux armées, ce sont deux nationalités, presque deux races, qu'on se prépare à mettre aux prises. Supposez même un Iéna, rien ne sera terminé. L'Allemagne, blessée tout entière au cœur et pour l'unité de laquelle nous aurons fait plus que M. de Bismark, l'Allemagne demeurera profondément hostile. Les hommes de Iéna, en définitive, sont ceux qui ont soulevé l'Europe contre nous, qui ont occupé Paris en 1814 et fixé la fortune à Waterloo en 1815.

Telles sont les pensées qui deviennent chaque jour plus claires chez nos concitoyens amis de la paix. Aucune victoire, aucun accroissement du territoire n'atténuera pour eux l'inconsolable douleur de voir blesser la justice au nom de leur patrie.

Et leur nombre croîtra. Pour peu que la guerre se prolonge, quand nos classes agricoles seront atteintes, quand nous serons décidément engagés sur la route qui mène au dernier homme et au dernier écu, alors on s'apercevra que, s'il est coupable de faire la guerre quand elle n'est pas indispensable, il est imprudent de prendre pour la volonté d'un peuple une explosion provoquée par un ministre, les clameurs de la rue, l'entraînement momentané des masses à la suite du drapeau, les ardeurs enfin des ennemis de la liberté parlementaire qui se servent d'une guerre pour regagner le terrain perdu.

Je n'ai pas hésité, Monsieur, à vous adresser ces lignes. Qu'elles me compromettent, tant pis ! j'aurai obéi au devoir et réclamé autant qu'il était en moi contre un acte que ma conscience désavoue.

Dira-t-on qu'en agissant ainsi. je manque de patriotisme ? Fox et ses amis se croyaient très-patriotes quand ils condamnaient en plein parlement la guerre contre la France. On nous mènerait loin avec cette phrase à effet : « Le drapeau est engagé ; nous n'avons plus qu'à le suivre. » C'est-à-dire que nous ne devons plus ni parler, ni écrire, ni penser, sans doute. Jamais maxime de despotisme ne fut mieux inventée. On brusque une déclaration de guerre ; on engage le drapeau ; et ensuite, silence à l'opinion ! silence à la tribune ! Le drapeau est engagé !

Mais, si le drapeau est engagé, notre conscience l'est aussi, et nous ne voulons pas, et nous ne pouvons pas accepter la moindre part de responsabilité morale dans une tuerie que rien ne légitime à nos yeux.

Il y a, paraît-il, deux genres de patriotisme. Il y

a celui qui suit le drapeau où qu'il aille, fût-ce le drapeau de Leclerc allant rétablir l'esclavage à Saint-Domingue ; il y a celui qui lutte à ses risques et périls, contre tout ce qui lui semble compromettre l'honneur du pays. Pour ce patriotisme-là, l'honneur du pays, ce n'est pas de gagner beaucoup de batailles, c'est de pratiquer la justice et de devenir le représentant, le patron de toutes les causes généreuses. Ce patriotisme-là a aussi ses ambitions, comme vous voyez, et il ne rêve pas pour le pays un rôle médiocre.

Objectera-t-on que les réclamations des amis de la justice et de la paix arrivent trop tard ? En tout cas, ce n'est pas leur faute, et l'affaire a été si rudement menée, sa conclusion se trouvait si bien dans son premier acte, que nous sommes excusables de ne pas arriver à temps.

Et puis est-il bien vrai que nous n'arrivions pas à temps ? Ce serait faire injure aux hommes qui nous gouvernent de supposer qu'au moment de tirer le premier coup de canon, qu'au moment de mettre en jeu toutes les ingénieuses machines à tuer qu'on a

inventées, ils n'éprouveront pas quelque honorable
hésitation. Quand l'heure sonnera où l'on commen-
cera, en fait, ce qui peut avoir pour tous les peu-
ples des conséquences incalculables, qui sait si
l'intervention fermement pacifique de pays im-
partiaux tels que l'Angleterre ne parviendra pas
encore à empêcher la rencontre fatale ? Qui sait si,
plus tard même, le rétablissement de la paix ne
serait pas rendu plus prompt et plus facile, par
cela seul que la guerre a des adversaires déclarés
en France ?

En tout cas, il était nécessaire que ceci fût dit.
Pour les consciences blessées, il n'y a qu'un soula-
gement possible, la protestation.

Beaucoup d'autres pensent comme moi ; mais,
dussé-je être seul, je n'en soulagerai pas moins
mon cœur en publiant cette protestation et en la
signant.

A. DE GASPARIN,

Ancien député.

P -S. — Les historiens qui voudront s'expliquer pourquoi le roi Guillaume n'a pas accordé une audience de plus à notre ambassadeur, ne feront pas mal peut-être de se rappeler que M. de Gramont, interpellé au Corps législatif sur la question de savoir si la demande relative à la candidature Hohenzollern était *la seule* qui fût *présentée* par nous à la Prusse, a *refusé de répondre*. Ce refus, rapproché de la première communication apportée par M. de Gramont à la tribune, avait une signification dont on a dû être frappé à Ems comme à Paris. M. Émile Ollivier seul semble n'avoir pas compris.

Je tiens à le dire, pour ceux qui ne me connaissent pas, personne n'a blâmé plus sévèrement que moi plusieurs des procédés de M. de Bismark en 1866, mais les torts de M. de Bismark en 1866 ne changent absolument rien à ce fait, aussi clair que la lumière du jour : Notre gouvernement en 1870 fait la guerre parce qu'il la veut.

Clichy. — Imp. M. Loignon, et Cie, r. du Bac-d'Asnières, 12. (1756- 0)

Gasparin, Agénor-Etienne comte de
La déclaration de guerre
28620